그래, 그래, 오늘 그랬어?
자연이 너의 마음을 안아 줄 거야.
잘 들어 보렴.

글 정원

오랫동안 출판사에서 일했습니다. 지금은 식물과 관련된 다양한 일을 기획하고 진행하는 '목요일의 식물' 주인장으로, 날마다 많은 식물들과 이야기를 나눕니다. 뜨거운 태양 아래 아스팔트 사이로 피어난 작은 풀을 볼 때, 한겨울을 보내고 돋아나는 새잎을 볼 때, 마음이 설렙니다. 그래서 자연에서 들려오는 낱말들을 모으며 느리게 궁리하며 삽니다. 지은 책으로《라면 공부책》,《햄버거 공부책》,《아이스크림 공부책》,《짜장면 공부책》,《떡볶이 공부책》,《정원의 말들》등이 있습니다.

그림 윤길준

이야기가 그림이 되는 상상을 합니다. 재미있고 유쾌한 그림으로 더 많은 이야기를 할 수 있도록 노력하겠습니다. 그린 책으로《배탈마왕 꾸르륵》,《왜 약속을 어기면 안되나요》,《우리 엄마 보았니》,《눈고양이 잡기》,《왜 내 맘대로 하면 안 돼?》,《로봇똥》,《느릿느릿 엉금이》,《엄마표 영어 올인원 플레이북》등이 있습니다.

나는 반짝반짝 별이야

초판 1쇄 인쇄 2025년 10월 17일
초판 1쇄 발행 2025년 11월 10일

지은이 정원
그린이 윤길준

대표 장선희 **총괄** 이영철
기획위원 김혜선 **기획편집** 강교리, 조연곤, 최지수
디자인 이승은, 장혜미 **외주디자인** ALL designgroup
마케팅 김성현, 박현우, 양아람, 서세원, 이은진
경영관리 전선애

펴낸곳 서사원주니어 **출판등록** 제2023-000199호
주소 서울시 마포구 성암로 330 DMC첨단산업센터 713호
전화 02-898-8778 **팩스** 02-6008-1673 **이메일** cr@seosawon.com

ⓒ 정원, 2025

ISBN 979-11-6822-475-9 73810

홈페이지 인스타그램

· 이 책은 저작권법에 따라 보호를 받는 저작물이므로 무단 전재와 무단 복제를 금지합니다.
· 이 책 내용의 전부 또는 일부를 이용하려면 반드시 저작권자와 서사원 주식회사의 서면 동의를 받아야 합니다.
· 잘못된 책은 구입하신 서점에서 바꿔 드립니다.
· 책값은 뒤표지에 있습니다.

서사원은 독자 여러분의 책에 관한 아이디어와 원고 투고를 설레는 마음으로 기다리고 있습니다. 책으로 엮기를 원하는 아이디어가 있는 분은 이메일 cr@seosawon.com으로 간단한 개요와 취지, 연락처 등을 보내주세요. 고민을 멈추고 실행해보세요. 꿈이 이루어집니다.

자연이 들려주는 참! 따뜻한 말

나는 반짝반짝 별이야

정원 글 · 윤길준 그림

서사원주니어

추천의 말

자연이 하는 말을 받아 적은 책

김용택

나무는 집이 없습니다.
나무는 학교에 가지 않습니다.
나무는 학원에도 가지 않습니다.
나무는 여행을 가지 않습니다.
나무는 혼자 살아갑니다.

참나무는 늙어 죽을 때까지 참나무로 삽니다.
느티나무는 늙어 죽을 때까지 느티나무로 삽니다.
그래도 몇백 년을 산다고 합니다.
나는 참나무나 느티나무가
죽은 것을 보지 못했습니다.

나무는 앞이 없습니다.
나무는 뒤도 없습니다.
나무는 어디에서 보아도 완성되어 있습니다.
나무는 볼 때마다 다릅니다.
나무는 자기에게 오는 것들을 모두 받아들여
새로운 모습을 그려 줍니다.

나무는 아침저녁 밤낮, 봄 여름 가을 겨울,
볼 때마다 다릅니다.
눈이 오면 눈을 받아 눈이 오는 나무가 되고,
달이 뜨면 달을 받아 달이 뜨는 나무가 됩니다.
새가 앉으면 새가 앉은 나무가 됩니다.

이 세상의 모든 자연은 거짓말을 하지 않습니다.
자연이 없으면 우리는
빵 한 조각, 물 한 모금도 먹지 못합니다.
우리는 자연 없이는 숨도 쉴 수 없습니다.
자연 없이 우리는 한순간도 살 수 없습니다.

이 책을 쓴 정원 선생님은 사람이 살아가면서
반드시 해야 하는 자연 공부를 한 권에 담았습니다.
정원 선생님은 자연이 하는 말을 잘 알아듣고
여러분에게 그 이야기를 전해 줍니다.
이 한 권의 책은 몇백 년을 사는 커다란 한 그루의 나무입니다.

작가의 말

반짝반짝 빛나는 어린이 여러분!

여러분은 어디에 살고 있나요? 서울, 전주, 강릉 같은 지명으로 대답할 수도 있고, 구체적인 도로명 주소를 말할 수도 있겠지요. 방 안에 콕 박혀 책을 읽거나 게임하는 걸 좋아한다면 방에 산다고도 할 수 있겠네요. 다 어딘가에 살고 있습니다. 그리고 우리는 모두 자연 속에서 살고 있습니다. 하지만 자연에 살고 있다는 대답을 듣기란 쉽지 않을 거예요. 무얼 먹고 사느냐는 질문에 샘물이나 공기라고 말하는 이를 볼 수 없는 것처럼 말이지요. 당연하니까요. 당연한 것에는 무심해지기 쉬우니까요.

달빛 아래 반딧불이처럼 반짝반짝 꿈속을 걷던 밤이 끝나면 서서히 동이 트고 아침이 옵니다. 해가 뜨고 새들이 지저귀고, 또르르 떨어지는 이슬과 함께 기지개를 켜고 아침이 와요. 들판에 바람이 불고 비가 내렸다 개는 사이, 들꽃이 지고 새로 피어납니다.

학교 종소리, 어린이들의 웃음소리, 개 짖는 소리, 풀벌레 소리들을 머금고 풍성한 구름이 흘러요. 구름은 언덕과 산, 바다를 건너 작은 돌 위에 그늘을 만듭니다. 수천 수만 가지 붉은빛 노을이 그림처럼 펼쳐지기 시작하면, 별들이 바스락바스락 이불 위에 내려앉으며 이야기를 적어 내려갑니다. 우리 모두의 이야기가 창밖으로 달려나가 밤하늘에 새겨져요.

일기에 적을 특별한 것이 없는 하루였다 해도, 누구나 위대한 하루를 살아요. 반지가 되는 토끼풀, 열매를 주렁주렁 매단 모과나무, 쌀알보다 작은 빵 부스러기를 이고 줄지어 가는 개미 행렬, 창문에 부딪히는 빗소리, 옷자락을 살짝 부풀어 주고 지나가는 바람… 그 곁에서 살았으니까요. 천 년을 살아 온 돌과 나무 곁에서 하루를 보냈으니까요. 특별한 것은 당연한 것에서 시작합니다.

우리가 할 일은 사소한 것을 되새기며 감사하는 일입니다. 수천 년 전부터 그래왔고 또 수만 년 이후까지 변하지 않을 나무에게, 바람에게 오늘의 생각 한 줄을 보내 볼까요? 어린이들의 삐뚤삐뚤한 글자들로 지구가 바글바글해집니다. 신기하게도 그 소란한 글귀들이 모여 한 권의 책이 되면, 세상이 더없이 가지런해지고 평화로워집니다. 단단한 책 표지처럼요.

여러분은 어디에 살고 있나요? 사는 곳을 확장해 보세요. 눈앞의 공책과 스마트폰에서 책상으로, 책상에서 방으로, 방에서 집으로, 집에서 동네로, 멀리 산 너머로, 바다 위 하늘로, 하늘 너머 광활한 미지의 곳으로 확장해 보세요.

우리는 다 자연에 살고 있습니다. 확장한다는 것은 자세히 보고 섬세해진다는 것, 나 아닌 모두에게 더 친절해진다는 것입니다. 타인의 마음을 이해하면 혼자였던 나는 둘이 되고 여럿이 됩니다.

저는 여럿이 사는 이야기, 밤하늘에 무수한 별마다 새겨진 와글와글한 이야기, 자연이 담아 온 이야기를 엿듣고 여기 펼쳐 보았습니다. 자연을 엿듣다 보니 섣부를 수도 있습니다. 그래서 책장 사이사이 어린이 독자들의 물음표가 들어갈 자리는 충분합니다. 부디 이 책이 두꺼워지고 두꺼워져, 동화 속 장갑 한 짝처럼 넉넉한 품이 되어 누구든 들어올 수 있으면 좋겠습니다.

정원 드림

목차

나는 반짝반짝 **별**이야	12
꼭 정상에 오르지 않아도 **산**이야	14
갈팡질팡해도 괜찮아, **나무**처럼	16
다정한 **언덕**	18
함께라서 더 빛나, **반딧불이**처럼	20
결국 다 지나가, **폭풍우**처럼	22
매 순간 달라지는 **구름**처럼	24
나는 나대로 **태양**	26
탁탁 털어 버리는 거야, **소나기**처럼	28
나의 특별한 **아침**	30
소복소복 쌓이자, **눈**처럼	32
너른 마음 **들판**	34

하나하나 친절한 **풀**   36

훨훨 나는 마음으로 상상해, **새**처럼   38

날마다 새로운 **이슬**   40

늦게까지 열심히 타오르는 **노을**   42

가끔은 **바람**처럼   44

넘실거려도 한결같은 **바다**   46

잠시 쉬라는 **안개**   48

날마다 돋아나는 **나뭇잎**   50

모두가 아름다운 **들꽃**   52

아침을 기다리는 풍성한 시간, **밤**   54

유연하게 구르는 돌처럼   56

어둠을 밝히는 **달**   58

별 같은 우리가 **자연에서 노는 법** 몇 가지   60

나는 반짝반짝
별이야

별은 세상에 어떻게 생겨났을까?
저렇게 예쁜 별이 어떻게 생긴 거지?

하늘에서 반짝반짝 빛나는 별들은
지금 빛나는 게 아니야.
500광년 떨어진 거리의 별은
그 별의 빛이 지구에 닿기까지 500광년이 걸린 거야.

지금 우리가 보는 별은 사라졌을 수도 있어.
너무 오래전 일이니까.
지금 이 순간 보이는 별이 더 특별하게 느껴져.

나는 그런 별 같은 아이야.
별을 좋아하고
별이 어떻게 태어났는지 궁금해하는
반짝반짝 빛나는 아이야.

그러니까
모든 순간을 소중하게 아끼며
별처럼 지내 보자.
더 궁금해하고 더 신기해하며
별처럼 초롱초롱한 눈망울로 지내 보자.

꼭 정상에 오르지 않아도
산이야

"1등을 놓쳤어!"
시험이 끝나고 집에 돌아와 이불을 뒤집어썼어.
채완이는 다 100점이래.
만날 게임도 하고 웹툰도 많이 보는 것 같은데 말야.

저 멀리 보이는 산은 까마득하기만 해.
하지만 산속으로 한 발짝 내딛자마자 알 수 있어.
생명이 시작되고 있다는 걸.
작은 오솔길, 물이 솟는 샘, 가파른 길,
온갖 나무들, 풀, 꽃, 아옹다옹 사는 동물들….
산에 들어서자마자
반짝반짝 빛나는 생명을 만날 수 있어.
다 오르지 않아도 알 수 있어.

산에 오른다는 것은
어려움을 무릅쓰고 정상에 오른다는 뜻만은 아니야.

산에 오르기로 마음먹고
산을 향해 딛는 한 걸음부터가 산행이야.

중간에 지치면 쉬어.
구불구불 흙길, 나무 그늘 아래 고사리 한 줄기…….
그 모든 걸 보며 한 발 한 발 걸어 보자.

갈팡질팡해도 괜찮아, 나무처럼

"공놀이할까, 연날리기할까?"
"숙제 먼저 할까, 게임 먼저 할까?"
결정이 쉽지 않을 때가 참 많아.
별것 아닌 일도 망설이게 되지.
사실 이렇게 갈팡질팡하는 건 당연해.

나무를 자세히 본 적 있니?
가지도 흔들흔들, 나뭇잎은 살랑살랑,
나무는 한순간도 가만있지 않아.
작은 바람에도
나무는 갈팡질팡해.

그렇게 우리도 마음이 흔들려.
그때그때 가장 좋은 선택을 할 뿐이야.
그러니 어떤 결정을 할 때는
내 마음이 움직이는 대로 가볍게 해 봐.

"난 언제나 나를 믿어!" 하고 말이야.

가끔은 후회할 수도 있겠지만
그 또한 다음 선택을 위한 경험이야.
다음에 더 잘하면 돼!

다정한
언덕

"이것도 몰라?"
"그걸 누가 못해."
친구에게 이런 말을 들으면 정말 속상해.
귀에서 씩씩 불이 나는 것 같고
들었던 말을 지우개로 싹싹 지우고 싶어.

그럴 땐 언덕을 떠올려 봐, 작은 언덕.
산처럼 거대하지 않지만
언덕은 우리 가까이에서 조용히 할 일을 해.
나무를 키우고, 꽃을 피우고, 새에게 길을 터 주고,
벌레들의 보금자리가 되어 주지.
산은 노랫말이 되고 그림이 되지만,
언덕은 보조 출연자처럼 그냥 있어.

언덕은 온갖 이야기들의 수집가야.
조금 전 집에서 말다툼을 하고 나온 아저씨,
공부하다 나온 언니, 오빠, 길 잃은 고양이,
자전거를 타고 막 동네로 들어온
땀 범벅 누나, 형…
모두가 잠시 쉴 수 있는 곳이야.

언덕은 작지만 쉽게 손잡아 주는 낮은 산이야.
넉넉하게 안아 주는 곳이야.
어깨를 내어 줘 기댈 수 있는 곳이야.
속상할 땐 다정한 언덕을 생각해.

함께라서 더 빛나,
반딧불이처럼

모둠 수업은 정말 싫다고?
합창 연습을 떠올려 봐.
가사가 기억나지 않아 입만 벙긋벙긋,
잘하는 친구들 사이에서 음정이 틀려 쭈뼛쭈뼛하기도 하지.
하지만 연습이 끝나면 다 같이 손뼉 치며 응원해 줘.

반딧불이를 본 적이 있어?
초여름 어둠 속에서 반딧불이들이 군무를 추는 모습을 말야.
2주 정도 짧은 생애를 사는 반딧불이는
밤 동안 아주 작은 빛을 내며 날아다녀.
반딧불이 하나를 손바닥 위에 올려 보면 알아.
그 하나의 빛이 얼마나 작은지 말이야.

그 작은 빛들이 모여 등불도 되고 축제도 되는 거야.
누군가 돋보이는 건 부족한 누군가가 있기 때문이야.
혼자서 빛나는 건 없어.
어둠이 있어야 반짝이는 걸 알 수 있고
너무 미약한 빛은 한데 모여야 각자가 빛인 걸 알 수 있어.

작은 빛 하나를 반딧불이라고 하지 않아.
반딧불이 하나하나 작은 빛들이 한데 모여 군무를 출 때,
그때 우리는 반딧불이를 보았다고 말해.

결국 다 지나가, 폭풍우처럼

말실수를 할 때가 있어.
전혀 나쁜 의도로 말한 게 아니었는데,
그게 다른 친구의 귀에 들어가 오해를 불러일으키기도 해.
그런 때는 눈 딱 감고 귀도 닫고 꼭꼭 숨고 싶어져.

천둥 번개 치는 날
세상이 온통 회색빛으로 불안해 보이는
그런 날을 본 적이 있지?

하지만 폭풍우는 그치게 되어 있어.
바람도 계속 불지 않고 비도 계속 내리지 않아.

좋은 일도 나쁜 일도 다 지나가게 되어 있어.
우리는 닫았던 창을 열게 되어 있어.
속상한 일이 있을 땐 어서 풀려고 노력하는 것도 중요하지만
그마저 너무 힘이 들 때는
시간이 가기를 기다리는 것도 좋은 방법이야.

'시간이 약이다.'라는 말이 있지?
실수를 했을 땐 솔직하게 인정하고
씩씩하게 그 친구의 마음이 풀어지기를,
내 마음이 더 단단해지기를 기다려.

매 순간 달라지는 **구름**처럼

"밥은 꼭꼭 씹어 천천히 먹어라."
"급식 시간에는 늦지 않게 서둘러 먹어라."
밥을 천천히 먹으라고 하더니
언제는 또 서둘러 먹으라고 해.
'천천히'와 '서둘러'를 같이 할 수 있을까?

변해.
구름은 크기도 모양도
매 순간 다 다르게 변해.
구름이 하는 일은
끊임없이 변하며 날씨를 보여 주는 거야.

꾸준히 해야 할 일이 있고
재치있게 금세 끝내야 할 일도 있어.
'계속 천천히'도 '계속 서둘러'도 없어.

상황에 따라 필요에 따라 우리는 달라져.
뭉게구름, 나비구름, 거먹구름, 꽃구름, 눈구름…….
구름의 종류가 수많은
이유일지도 몰라.

나는 나대로
태양

"엄마! 나 수학 100점 맞았어요."
누나가 자랑스럽게 말하자, 엄마 눈에 하트가 뿅뿅이야.
난 질투가 나서 이렇게 외쳤어.
"누나가 국어는 60점일걸?"

태양이 "내가 세상의 중심이야!"라고
소리치는 걸 들어 본 적 있어?
태양은 요란하지 않아.
지구를 따스한 온도로 지키고 식물을 살리지만 아주 조용하지.
따뜻한 빛을 쬐어 주고
스스로 겉옷을 벗게 하는 것이 태양의 힘이야.

누나는 누나대로
나는 나대로
친구는 친구대로
자신의 세계에서 하나의 태양이야.

탁탁 털어 버리는 거야,
소나기처럼

비 내리는 날
학교에 가는 길이었어.
우산을 푹 쓰고 가다가
돌부리에 발이 걸렸어.
휘청거리다 앞으로 넘어졌는데
정말 쥐구멍에라도 숨고 싶었지.
세아가 뒤에 오고 있었으니 더더욱.

며칠 뒤 학교가 떠나가라 삐리리리!
단우가 화장실에서 비상벨을 울린 거야.
"여기요! 휴지가 없어요!"
용감한 단우도 쥐구멍이 필요했을 거야.

여름날 햇빛이 쨍하다가
갑자기 먹구름이 몰려오고 비가 쏟아져.

예상치 못했던 소나기에
우리는 어쩔 수 없이 비를 맞게 돼.

하지만 다시 해가 뜨고 옷이 마르고
소나기는 다음 여름까지 잊혀져.
탁탁 털어 버리는 거지.

**창피한 일이 있거나
잊고 싶은 일이 있을 땐
소나기 스위치를 켜 보자.**

다 지나가니까.

나의 특별한
아침

배가 아픈 것 같아.
머리도 좀 지끈지끈해.
오늘 학교에서 글쓰기 시간이 있다는 건 비밀이야.
그냥 이불 밖으로 나가기 싫어.
아무것도 하기 싫은 아침엔
정말로 일어나기 싫지.

그럴 땐 귀 기울여 보자.
창밖에서 들려오는 새 소리.
어딘가로 향하는 자동차 엔진 소리.
엄마가 그릇들을 달그락거리는 소리.
세상의 모든 시작하는 소리.

날마다 찾아오기 때문에 특별할 것 없어 보이는
아침이 너무 귀찮아.

그렇게 게을러지고 싶을 땐
창을 활짝 열고 1분만 심호흡을 해 보자.
이불 뒤집어쓴 채 귀를 기울여 보자.

그렇게 소리를 낸 주인공들을 가만가만 떠올려 보자.
새, 자동차, 엄마, 엘리베이터, 바람, 비, 강아지…….
귀에 들리는 모든 소리를 확인하러
일어나게 될 거야.
그렇게 **나의 특별한 아침이 시작돼.**

소복소복 쌓이자, 눈처럼

이걸 언제 다 읽지?
이제 겨우 발차기를 하는데 언제 자유형을 하지?
끝이 보이지 않게 까마득한 일을 어떻게 하지?

한겨울 눈이 한 송이 두 송이 내리기 시작하면
우리는 상상해.
눈밭에서 구르며 눈싸움을 하고,
얼음 위에서 썰매를 타는 모습을 말이야.

조금씩 내리는 눈은 땅에 닿는 순간 녹아.
하지만 내리는 눈의 양이 많아지면
눈은 금세 쌓여.

누구나 처음엔 약해. 미완성이야.
**하지만 포기하지 않고 계속하면
커지고 세지고 단단해져.**
땅 위에서 녹아 버리던 눈송이는
세상을 하얗게 덮는 눈밭이 되고.

그러니 우리는 너무 서두르지 말고
눈송이 내리듯 가볍게 지금 일에 집중하자.
맛없는 점심에도 지루한 수업에도
다 느리게 어설프게 잘 지내렴.

우리도 눈처럼 소복소복 쌓일 거야.

너른 마음
들판

"엄마는 언니만 좋아하잖아!"
"재미있는 건 언니랑만 하고!"
언니와 여행을 다녀온 엄마에게 말했어.
경치도 좋았고, 맛있는 것도 많이 먹었대.

"그럼 아빠는 너만 좋아하는 거네?"
생각해 보니 난 아빠랑 같이 책을 읽었고
같이 이를 닦고 머리를 감았어.
아빠가 드라이기로 머리도 말려 주었지.
같이 된장찌개도 끓여 먹었어.
내가 두부를 썰었고 아빠는 호박과 양파를 준비했어.
뭉턱뭉턱 썰어 놓은 두부 모양이 웃기다고 깔깔거렸지.

들판을 본 적이 있니?
저 멀리까지 펼쳐진 들판은 마음이 넓어.

중간중간 솟은 바위에게 모났다고 하지 않고
우람한 산들을 질투하지도 않아.
들판 위로 새가 날고
풀잎 사이로 나비, 무당벌레, 방아깨비들이 뛰놀아.
들판은 그렇게 한결같은 모습으로 펼쳐져 있어.

**들판은 그렇게 너른 마음으로
풀벌레들이 재잘거리는 소리를 들어.**

하나하나 친절한
풀

피구할 때, 우리 반에서 가장 못하는
지후가 같은 팀이 될까 봐 걱정했어.
하지만 경기가 시작되면 그런 생각은 잊게 돼.
지후가 잘 피하도록 내가 도와주지!

울창한 숲에서 풀은
커다란 나무 그늘에 가리고,
화려한 정원에서 풀은
향기로운 꽃에 가려.
풀은 나무를 넘어서 크는 법이 없고,
자잘한 풀꽃들은
이름난 꽃보다 화려하게 피는 법이 없어.
늘 작고 낮아.

세상은 그런 소박한 풀들로 이루어져 있어.
강아지풀, 까마중, 애기똥풀, 토끼풀, 괭이밥, 비짜루, 쇠비름…….
이름마다 이유를 가진 풀들이 세상을 채우고 있어.

피구를 못하는 지후는 강아지풀이야.
발표할 때마다 오물거리기만 하는 도윤이는 까마중이고
급식 시간마다 꼴찌인 민서는 애기똥풀이야.
우리는 부족한 것투성이지만 다 친절한 풀이야.
키 큰 나무에게 자리를 내어 주고
화려한 꽃에게 양보하며
울창한 숲을 만들어 내는
하나하나 친절한 풀이야.

훨훨 나는 마음으로 상상해, 새처럼

"대체 뭘 그리지?"
"도대체 뭘 써야 해?"
머릿속이 새하얘질 때가 있어.

그럴 땐 새라고 상상해 봐.
높은 하늘을 훨훨 날며 까마득한 아래를
내려다보는 나를 떠올려 봐.
본 적 없고 간 적 없는 곳까지
여행하는 새가 되어 봐.

아는 만큼 본 만큼 생각하기가 쉬워.
그래서 사람들은 책을 읽고 영화를 보고
음악을 듣고 여행을 해.

그런데 어떤 사람들은
여행하지 않은 곳을 머릿속에 그릴 만큼
상상력이 뛰어나.
그들은 아마 마음에 새 한 마리를 품고 있을 거야.

**새처럼 훨훨 나는 마음으로
꿈꾸고 상상해 봐.**
그럼 분명히 지금보다 더 더 즐거울 거야.

날마다 새로운
이슬

"히잉, 내일 또 놀자~"
친구들이랑 우르르 놀다가
한창 재밌을 때 헤어지려니까 너무 아쉬워.
눈물이 또르르 흘렀어.

이슬은 또르르 떨어져.
아침을 알리는 전사야.
풀잎에 맺힌 이슬은 아침이 되면 떨어질 걸 알지만
밤사이 온 힘을 다해서 작은 물방울이 되지.
이슬 한 방울에는 밤의 온갖 소리와
별빛과 바람이 담겨 있어.

친구들과 놀기 전의 기대감,
노는 동안의 즐거움,
그 모든 것들이 이슬 한 방울의 생명력처럼 강해.

하지만 신나게 놀고 나면 다음 해야 할 것들이 있지.
책가방 정리, 숙제, 저녁 먹기, 씻기….
노는 시간은 짧게 느껴지지만
할 일들을 끝내면 또 새로운 이슬이 맺혀.

그 새로운 이슬에는 날마다
새로운 에너지들이 가득찰 거야.
우리는 날마다 새로운 이슬을 맺자.
울지 말고.

늦게까지 열심히 타오르는
노을

'아, 창피해.'
얼굴이 빨개져서 자꾸 창피할 때가 있어.
어디선가 내 이름이 들리기만 해도
귀까지 빨개져.

노을은 붉어.
하늘 가득 노을이 물들기 시작하면
사람들은 밤을 맞을 준비를 해.

친구들은 저녁 먹기 전 더 힘차게 뛰어다니고,
자전거가 디링디링 벨을 울리며 집으로 가고,
그릇들이 달그락거리고,
개를 산책시키는 엄마의 다정한 목소리도 들려.

그 시간에는 태양이 지는 것이 아니라,
늦게까지 타오르는 거야.
노을이 마지막까지 오늘 하루를 붙잡고
할 수 있는 일을 다 하는 거야.

얼굴이 빨개질 땐 부끄럽다고 생각하지 말고
더 열심히 최선을 다해.
내가 내 이름을 듣고 있는 거라고 생각해 봐.

용기가 날 거야.
**얼굴이 붉어지는 사람은
노을처럼 예뻐.**

가끔은 **바람**처럼

규칙을 따르고 공중도덕을 지키고
원칙에 따라 바르게 행동하는 건 중요해.
하지만 아닌 경우도 있어.
새치기는 나쁘지만
수줍음 많은 수진이가 오줌이 마려운데
줄 맨 뒤에서 쩔쩔매고 있으면 어떡하지?

여름날 뜨거운 태양이 쨍쨍 내리쬘 때,
온 세상이 뜨거움으로 무장한 듯
시원한 틈이 하나도 없을 때
바람이 살랑 불어와.
살랑, 잠깐, 지나가는 바람.

그런 바람이 불 때
바람이 말을 하는 거라고 생각해 보자.
정확하게 짜인 대로 말고 꼭 해야 하는 일 말고,
아름답다고 생각하고 필요하다 여기는 일을
할 줄도 알아야 해.
뜻밖의 바람이 살랑 불듯이 말이야.

"수진아, 여기 내 앞으로 와."

넘실거려도 한결같은
바다

"준성이랑 안 놀 거야."
"한별이랑 복도에서 만나면 어쩌지?"
친구와 싸우고는 마주하기 싫을 때가 있어.
불편하고 어색하기 짝이 없지.
그럴 땐 바다를 떠올려 봐.

바다는 다 이어져 있어.
파도가 넘실거리고
모래밭 위로 물이 들어왔다 나가.
게와 소라가 모래밭에 구멍을 냈다가도
파도가 또 한 번 쓸고 가면 아무런 흔적도 없이
평화로운 모래밭으로 돌아와.
바다는 그렇게 마음이 넓어.

친구가 밉거나
사이좋게 지내고 싶은 마음이 사라질 때
바다를 떠올려 봐.

잔잔하기도 하고
파도가 일렁이기도 하는,
날마다 다르게 반짝이는 바다.

생겨나고 사라지는 모든 생명의 소리를 받아들이고
함께일 때도 따로일 때도
늘 한결같은 바다처럼 지내 봐.

잠시 쉬라는
안개

"와, 새 운동화다!
언니처럼 끈 묶는 운동화네."

다음 날 이어달리기를 하는데
출발하자마자 운동화 끈이 풀린 거야.
앞이 캄캄했어.
"아, 왜 끈이 있어 가지고!"

안개가 피어 올라.
눈앞의 작은 동산도 보이지 않아.
뿌옇고 불안해.
하지만 안개는 결국 걷히게 되어 있어.

안개가 피어오르면 잠시 쉬자.
아무것도 보이지 않고 불안할 땐
멈추어서 친구와 도란도란 얘기도 나누고
넘어지지 않게 손도 잡아 주자.

앞으로도 우리 앞에는
수차례 안개가 피어날 거야.
그때마다 불안해 할 수는 없어.
안개가 걷히기를 기다리면서 숨을 고르는 거야.

운동화 끈 매는 연습도 하고,
제자리뛰기 연습도 하고!

날마다 돋아나는
나뭇잎

'수아를 좋아한다, 안 좋아한다, 좋아한다, 안 좋아한다…….'
나뭇잎을 하나씩 떼면서 중얼중얼.
그런데 혁이가 갑자기 뒤에서 등을 퍽 때리며 인사했어.
"깜짝이야!"
아닌 척했지만 얼굴이 발그레해졌어.

나뭇잎은 배가 되기도 하고
밥도 되고 약도 돼.
나뭇잎은 책갈피도 되고
그 친구를 좋아하는지 안 좋아하는지도 알려 주지.

나뭇잎은 돋아나고 사라지기를 반복해.
나뭇잎은 해마다 새로 나면서
좋은 기운을 전해 주지.
나뭇잎은 나무가 햇빛을 받고
생명을 유지하게 해.

우리는 나뭇잎을 만들어 내자.
사라질 것들이라 할지라도
계속 나뭇잎을 만들어
풍성한 나무 한 그루가 되어 보자.

모두가 아름다운
들꽃

"준희는 정말 예뻐."
"부럽다."
예쁘다고 생각하는 것은
예쁘다고 여기게 된 기준이 있기 때문이야.

세상에 들꽃이 얼마나 많을까?
이름을 알 수 없는 꽃들이 셀 수 없이 많지만
사실은 모두 이름이 있어.

별꽃의 아름다움을 모르는 이유는
작아서 눈에 잘 안 띄는,
귀여운 그 꽃을 본 적이 없어서야.
꽃마리의 아름다움을 모르는 이유는
흰색으로도 보이고 푸른색으로도 보이는,
신비로운 그 꽃을 우리가 모르기 때문이야.

아이돌 가수의 화려한 모습만,
예쁜 친구의 겉모습만 부러워하는 것은
내 안에 어떤 아름다움이 있는지 아직 모르기 때문이야.

우리는 들꽃이야.
내 안에 별꽃처럼 내 안에 꽃마리처럼
나만의 어떤 아름다움이 있는지 찾아보자.
우리의 아름다움을 사랑하자.

아침을 기다리는
풍성한 시간, 밤

"좋겠다!"
아준이는 조각 수도 많고 변신도 되는 레고를 가지고 있어.
태인이는 엄마, 아빠랑 해외여행도 다녀왔어.
부러움이 많을 때의 마음을 밤의 시간이라고 하자.

밤은 아침이 오기 전 시간이야.
아침 직전의 희망으로 꽉 찬 시간이야.
차오르느라 쉬고 있는 시간이야.
**밤은 내일을 준비하자고 약속한
세상의 귀한 시간이야.**

나 역시 남들보다 좋은 걸 많이 가지고 있어.
친구들은
피아노 잘 치는 나, 자전거 잘 타는 나를 보며
밤의 시간을 보내.

아준이는 나처럼 피아노를 잘 치고 싶어서
날마다 연습해.
하영이는 나처럼 자전거를 잘 타고 싶어서
날마다 연습해.
그리고 나는 너무나 멋진 레고를 갖기 위해
책 읽은 뒤 받는 칭찬 스티커를 모으는 중이야.

누구나 밤의 시간을 보내고 있어.
**해 뜨기 전 그 희망의 시간을
풍성하게 보내자.**

유연하게 구르는
돌처럼

"왜 어제랑 말이 달라?"
"변덕쟁이!"
한결같지 못하다는 이유로 비난 받을 때가 있어.
그런 말을 들으면
나는 단단하지 못한 사람인가 하고
스스로 좀 창피하기도 해.

돌은 단단하지만 그대로 있지 않아.
돌은 계속 깎이고 변하고 움직여.
아무리 큰 돌이라도 작은 빗방울, 부드러운 바람에
아주 천천히 깎이고,
작은 돌들은 구르고 또 굴러.

때로는
비스듬하고 엉성하고 부드럽게,
그렇게 움직이는 것들이
더 소중해.
우리도 작은 돌처럼 늘 구르고 있어.

어둠을 밝히는
달

"나도 친구가 많았으면 좋겠다…."
민준이는 참 인기가 많은데, 난 아닌 것 같아.

정말로 그런 것일 수도 있지만
내 마음에 있는 불안이나 바람이
그렇게 느끼게 만드는 것일 수도 있어.

달은 까만 밤에 빛나.
달빛은 골목 구석 고양이의 잠자리를 비추고
나뭇가지 사이 새들의 보금자리마다
이불처럼 내려앉아.

인기 많은 친구는 한두 명이야.
그 친구를 따라 하고 싶은 마음이 들 수 있지만
그러지 말고 곰곰 한번 생각해 봐.

깊은 밤 어둠을 밝히는 것은
태양이 아니라 부드러운 달빛이야.
커다란 보름달일 때도 있지만,
때로는 반달이기도 하고
때로는 더 작은 초승달이기도 해.

나는 그렇게 은은하게 힘 있는 달이야.
**나는 구석구석 친구들을 포근하게
비추는 달이야.**

책을 마치며

별 같은 우리가
자연에서 노는 법 몇 가지

- 🌼 우리 삼총사 우정 반지가 필요할 때
  클로버로 꽃반지도 만들고 꽃팔찌도 만들어요.

- 🌿 여름날 계곡 따라 걷기만 하는 게 조금 지루할 때
  풀잎으로 돛단배를 만들어 띄워요.

- 🍁 가을날 친구와 좀 다투고 마음이 울적할 때
  잘 익은 단풍나무 열매를 따서 공중에 날려요.
  헬리콥터처럼 생긴 열매가 훨훨 날면 마음이 한결 나아져요.

- 🌱 휴대전화도 안 터지고 보드게임도 없는 시골에 갔을 때
  들에서 강아지풀을 찾아 강아지풀 경주를 해요.
  손바닥에 올려놓고 손바닥을 반쯤 접었다폈다 하면
  강아지풀이 애벌레처럼 한 방향으로 움직여요.

🍦 호숫가에서 맛있는 아이스크림이 하나밖에 없을 때
면이 평평하고 매끈한 돌을 주워 물수제비를 떠요.
더 멀리까지 던지는 사람이 아이스크림을 차지하는 거예요.

🌿 친구도 나를 좋아하는지 궁금하다면
아까시나무의 잎을 하나씩 떼면서 '친구도 나를 좋아한다,
안 좋아한다, 좋아한다, 안 좋아한다…' 하며 상상을 해 보아요.

🌼 꽃밭에서 달콤한 간식이 생각날 때
샐비어를 찾아 꽃에서 꿀을 빨아 먹어요.

🌱 엄마 아빠 생신인데 용돈이 부족하다면
들꽃으로 꽃다발을 만들어 드리며 사랑한다고 말해요.

🪨 크리스마스에 꼭 받고 싶은 선물이 있을 때
작은 돌들을 모아 탑을 쌓고 소원을 빌어요.